RÉINTÉGRATION

D'UN

EXAMINATEUR

POUR L'ADMISSION

A L'ÉCOLE MILITAIRE DE SAINT-CYR

EN 1848

Forsan et hæc olim meminisse juvabit

(VIRGILE).

ANGERS

IMPRIMERIE-LIBRAIRIE GERMAIN ET G. GRASSIN

RUE SAINT-LAUD.

1879

RÉINTÉGRATION

D'UN

EXAMINATEUR

POUR L'ADMISSION

A L'ÉCOLE MILITAIRE DE SAINT-CYR

EN 1848

Forsan et hæc olim meminisse juvabit

(VIRGILE).

ANGERS

IMPRIMERIE-LIBRAIRIE GERMAIN ET G. GRASSIN

RUE SAINT-LAUD.

1879

Reportons-nous au mois de juin 1848, c'est-à-dire à
trente ans en arrière.

La Révolution de Février était un fait accompli.

Les révocations des fonctionnaires augmentaient de jour
en jour, surtout au Ministère de la Guerre, sous l'influence
du journal *le National*.

Au nombre de ces révocations se trouvèrent, quoique
étrangères à la politique, celles des deux Examinateurs
de mathématiques pour l'admission à l'école militaire de
Saint-Cyr, l'un, pour l'épreuve de l'*admissibilité* des candidats (examen du premier degré), l'autre, pour le classement des admissibles par ordre de mérite (examen du
deuxième degré).

Ces révocations, loin de passer inaperçues au milieu des
graves événements inséparables d'un changement de gou-
vernement, donnèrent lieu à deux manifestations jusqu'alors

inconnues et qui, très-probablement, ne se renouvelleront jamais.

Premièrement, d'un commun accord entre les deux promotions de 1846 et de 1847, il fut décidé que l'on rédigerait, non pas une protestation, mais seulement une pétition favorable à l'honorabilité de l'Examinateur du premier degré, qu'elle serait signée par les élèves, puis portée en corps par un certain nombre d'entre eux au Ministère de la Guerre. C'est, en effet, ce qui eut lieu le 3 juin 1848.

Voici textuellement cette pétition ; elle dit beaucoup de choses en peu de mots :

« *Les élèves de l'école spéciale militaire de Saint-Cyr* » *certifient que M. Tarnier, Docteur ès-sciences, a toujours* » *maintenu, dans les examens qu'il leur a fait subir, une* » *intégrité parfaite qui lui assure toute leur estime et toute leur* » *affection.*

» *Ils auraient désiré, dans l'intérêt de leur école, que* » *M. Tarnier continuât à faire partie de la Commission* » *d'examen.* »

Fait à Saint-Cyr, le 3 juin 1848.

(Ont signé les élèves des deux promotions.)

Secondement, le même jour, une autre pétition, dite celle des *chefs d'institution*, indépendante de la précédente, était portée, non pas au Ministère de la Guerre, mais à l'Assemblée Nationale pour y être remise à M. le colonel Charras, ministre par intérim.

Cette députation avait à sa tête le vénérable M. Massin, doyen d'âge des chefs d'institution, en compagnie de MM. Labrouste, directeur de Sainte-Barbe; Sturm, membre de l'Académie des Sciences; Barbet, Loriol, etc., directeurs d'écoles préparatoires bien connues à Paris.

M. le colonel Charras mit le plus grand empressement à recevoir les membres de cette honorable députation. M. Massin, prenant la parole, fit connaître le but de la démarche collective :

« *Citoyen Ministre,*

» *L'Administration de la Guerre a destitué les deux Exami-*
» *nateurs de mathématiques pour l'admission à l'école militaire*
» *de Saint-Cyr. Personne ne réclame pour l'un, mais tout le*
» *monde réclame pour l'autre. Nous vous apportons la pétition*
» *en sa faveur, rédigée, approuvée et signée par les personnes*
» *compétentes en pareille matière : les chefs d'institution de*
» *Paris.* »

Sur le désir exprimé par le colonel d'entendre la lecture de cette pétition, M. Massin, à raison de son grand âge, en chargea M. Labrouste.

« Citoyen Ministre,

» M. Tarnier, à la suite d'une épreuve brillante pour
» l'obtention du grade de Docteur ès-sciences à Paris, fut

» chargé en 1846 d'une mission difficile, délicate, celle de
» mettre à l'essai un mode d'examen dit à *deux degrés*, ayant
» pour base l'unité, l'uniformité, en soumettant tous les
» candidats de Paris et de la province à la même juridic-
» tion, au lieu d'être répartis, comme par le passé, entre
» plusieurs examinateurs qui, n'ayant pas la même manière
» d'interroger et de coter les réponses, donnèrent souvent
» lieu à des classements disparates vivement attaqués.

» A peine nommé, M. Tarnier comprit tout d'abord
» la portée de l'espèce de magistrature dont il était chargé,
» de laquelle allait dépendre l'avenir de bien des jeunes
» gens. Aussi, pour être dans une situation nette, indé-
» pendante, pour ne pas être juge dans sa propre cause
» (professeur et examinateur), il commença par s'imposer
» des sacrifices d'autant plus grands que, père de famille, il
» n'avait pas de fortune personnelle. Ainsi, la *chaire de*
» *mathématiques* qu'il occupait avec distinction au collége
» Saint-Louis, fut confiée sur sa demande à un suppléant;
» les *écoles préparatoires* auxquelles il appartenait depuis bien
» des années, soit comme professeur, soit comme répé-
» titeur, furent privées de son enseignement; enfin, les
» *élèves-pensionnaires* qu'il avait chez lui furent rendus à
» leurs familles, et tout cela quoique sa position d'exami-
» nateur fût très-précaire, puisque, chaque année, elle était
» remise en question, et que pour l'indemnité fixe, elle
» n'était que de 1800 francs.

» Comme Examinateur, le succès de M. Tarnier a été
» complet. A une grande habitude d'interroger les jeunes
» gens, il joignait ce que l'on peut appeler sa devise :

« *La bienveillance dans la justice.* »

» Aucune réclamation ne s'est produite, même parmi
» les jeunes gens les plus ardents ; les inadmissibles à
» l'examen de classement ont accepté leur sort, déclarant
» qu'ils avaient été bien jugés. Aussi, M. Tarnier fut-il
» chargé des mêmes fonctions en 1847; quant à sa nomi-
» nation pour le concours prochain de 1848, elle remonte
» à plusieurs mois. Mais, Citoyen Ministre, voici que, par
» un arrêté du ministère de la guerre, les candidats vont
» être privés de l'avantage d'être examinés par un juge
» capable et intègre. Dans ces conditions, et à la suite
» d'une réunion générale, nous avons pensé qu'il était de
» notre devoir de porter à la connaissance de l'adminis-
» tration de la guerre une série de faits qu'elle peut ignorer.

» Voilà, citoyen Ministre, le but que nous nous sommes
» proposé en vous remettant cette pétition en faveur d'un
» homme parfaitement honorable, laborieux et étranger à
» la politique. »

Le Ministre répondit :

« Citoyens,

» J'accepte votre pétition. — Aujourd'hui même, j'exa-
» minerai cette affaire avec tout le soin qu'elle mérite. Si la
» République a commis une erreur, la République la répa-
» rera, quoique le nouvel examinateur soit déjà nommé. »

La décision ne se fit pas attendre : le lendemain, 4 juin 1848,
M. Tarnier, appelé au Ministère de la Guerre, avait le bon-
heur d'apprendre qu'il était réintégré dans ses fonctions
avec *avancement*. Ce fut, en effet, à partir du concours de 1848

qu'il fut nommé membre du Jury supérieur, à titre d'Examinateur du deuxième degré.

La lettre officielle qui, plus tard, confirma ce qui vient d'être rappelé, renferme le mot *réintégration*, lequel est suivi d'un renvoi : la note marginale écrite de la main du général Cavaignac, ministre titulaire, dit textuellement :

.... *Sur la demande expresse du colonel Charras....*

La conduite de cet officier supérieur à mon égard, a été comme on le voit, pleine de loyauté et de délicatesse, puisqu'il a été successivement l'auteur de la *destitution* et de la *réintégration avec avancement*, alors surtout qu'ici-bas, le mal une fois fait est très-difficile à réparer !... Aussi, ma reconnaissance n'a-t-elle jamais fait défaut à sa mémoire. Hélas ! pourquoi faut-il ajouter que ce brave officier, ancien élève de l'Ecole polytechnique, d'une haute capacité militaire qui le destinait au plus brillant avenir ; oui, pourquoi faut-il rappeler que son nom fut *rayé des cadres de l'armée,* et que dans la force de l'âge, il alla mourir ailleurs que sur le sol de la France, pour la défense de laquelle il eût vaillamment combattu dans notre malheureuse guerre de 1870-1871....

Voici encore un souvenir qui fait partie de ce grand événement de ma vie.

Le lendemain du jour où j'appris le plein succès de la démarche des Saint-Cyriens (1) et de celle des Chefs d'ins-

---

(1) Beaucoup d'entre eux sont aujourd'hui officiers supérieurs dans l'armée ; parmi eux, je puis citer M. Billot, sénateur, général de divison, commandant la 1re division d'infanterie du 1er corps d'armée à Lille.

titutions, l'un d'eux, bien connu, M. Barbet, me fit entendre en présence de plusieurs de ses collègues, des paroles que je n'oublierai jamais :

« On vous couvrirait la poitrine de décorations que toutes,
» réunies, ne vaudraient pas le brevet d'estime que l'opinion pu-
» blique vient de vous accorder, surtout dans les circonstances
» critiques où nous nous trouvons (1). Toute affaire cessante,
» on s'est occupé de vous, et l'on a réussi. »

Telle a été ma réintégration.

Maintenant disons un mot de la triste année 1862!... Le mode d'examen dont il vient d'être question, avait si bien réussi, qu'il fut appliqué aux concours d'admission pour l'Eocle polytechnique, l'Ecole Forestière, l'Ecole Navale, etc. Cela ne l'empêcha pas d'avoir ses détracteurs, sans compter les chercheurs de places, surtout de celles que d'autres ont pris la peine de créer.

Le changement de ce mode d'examen eut lieu à l'époque que je viens de rappeler.

1° On transforma les examens du premier degré (2).

---

(1) A Paris, le sol tremblait déjà sous nos pieds... les journées de juin approchaient.

(2) Au lieu de dresser la *liste des inadmissibles*, au fur et à mesure qu'elle se complète, tant à Paris qu'en province, à la suite des examens *oraux* subis *publiquement*, en présence d'un auditoire composé d'élèves et de professeurs, on la dresse maintenant *en bloc* au moyen d'une série de *compositions écrites* et dont la surveillance est pleine de difficultés. C'est donc un premier degré qui en 1862 a remplacé celui de 1846. — Cette modification n'a pas été adoptée pour l'Ecole polytechnique.

2º On mit en avant que pour un « *système nouveau* » il fallait des hommes nouveaux.

3₀ Les Examinateurs dont le mandat triennal venait d'expirer, disparurent tous sans exception (1).

Quant aux récompenses méritées par de longs et loyaux services, il n'en fut pas question.

Cette page d'histoire contemporaine non dépourvue d'intérêt, peut donner lieu à certaines réflexions (2).

---

(1) Comme l'*examen à deux degrés* (admissibilité, classement) n'a pas cessé d'exister, puisque l'admissibilité se fait aujourd'hui par des *compositions* et par le *baccalauréat*, épreuve confiée à des professeurs de l'Université, le lecteur attentif se demandera peut-être en quoi a pu consister le *système nouveau*. D'ailleurs, en ce qui, en particulier, concerne les mathématiques : les trois angles d'un triangle continuent à valoir 180°; quant au *carré de l'hypoténuse*, heureusement pour la mémoire de Pythagore, il n'a pas cessé d'être égal à la somme des carrés des deux autres côtés. Contentons-nous de ce petit aperçu.

(2) *Note additionnelle*. A une certaine époque, M. Fortoul, ministre de l'Instruction publique, était sur le point de me nommer inspecteur de l'Académie de Paris en résidence à Paris, alors que j'étais déjà attaché au Ministère de la Guerre. Mais, sur mon observation que j'aurais peut-être à examiner pour Saint-Cyr des jeunes gens interrogés par moi dans les Lycées, le Ministre approuva mon scrupule. Ce fut alors que, pour éviter les incompatibilités, je fus nommé inspecteur de l'instruction primaire à Paris. Cela explique comment toute ma carrière universitaire, quoique ayant eu pour point de départ un grade en vue de l'enseignement supérieur, a été entièrement consacrée à la *Préfecture de la Seine*. C'est un fait exceptionnel.

E.-A. TARNIER

Docteur de la Faculté des Sciences de Paris,

Doyen de la Faculté (libre) des Sciences d'Angers.

Angers, imp. Germain et G. Grassin.